BECOMING
creativa

BECOMING
amabl

D0330834

BECOMING
inspirada

BECOMING
sincera

BECOMING
franca

BECOMING
decidida

motivada

BECOMING
creativa

BECOMING
servicial

BECOMING
feliz

BECOMING
curiosa

BECOMING
segura

BECOMING
valiente

BECOMING
agradecida

BECOMING

MI HISTORIA

Tu historia es lo que tienes,
lo que siempre tendrás.
Es algo que es tuyo.

Esta es la historia de

(Yo)

Forjar tu historia no
consiste en llegar a
algún lugar o alcanzar
una meta determinada.
En vez de esto, lo veo
como un movimiento
hacia delante,
como una forma
de evolucionar, de
intentar avanzar hacia
una versión mejor de
nosotros mismos.

UNA NOTA DE MICHELLE

Después de que se publicasen mis memorias, me llegó la misma reacción por parte de muchas personas, tanto desconocidos como amigos o familiares: «No puedo creer que recuerdes tantas cosas». Es un comentario que suele hacer que me dé un poco de risa, porque, cuando pienso en el proceso de echar la vista atrás para mis memorias, lo que más recuerdo es la sensación de intentar asir recuerdos que apenas conseguía atrapar. *¿Cómo se llamaba esa chica? ¿Tomé esa decisión antes o después de aquella conversación con Barack? ¿En qué estado se celebró aquel acto de campaña?*

Solo había escrito un diario durante un breve periodo de mi vida, un par de años poco antes de cumplir los treinta, cuando mi relación con Barack se estaba asentando y me planteaba un cambio de carrera. Fue una época tumultuosa repleta de cambios, y comprobé que dedicar tiempo a poner mis pensamientos por escrito me ayudaba a orientarme en las transiciones. Después, lo guardé y no volví a él hasta que empecé a escribir mis memorias. Al instante, me sentí transportada de nuevo a esa versión previa de mí misma, abrumada por tanta ternura, angustia y frustración.

La experiencia hizo que me preguntase: «¿Por qué no escribí en el diario más a menudo?». La respuesta, como ocurrirá a tantos de ustedes —estoy segura—, es simplemente que no tuve tiempo. Cambié de carrera. Me casé. Tuve hijas. En algún momento —quién sabe cómo ocurrió—, acabé vestida de gala en la Casa Blanca.

Si echo la vista atrás, me gustaría haber dedicado más tiempo a plasmar por escrito lo que pensaba y sentía. No escribí el diario porque me disuadí a mí misma de hacerlo: mantener un diario puede resultar un poco intimidatorio y cargado de transcendencia; la idea es que, una vez que pones el lápiz sobre el papel, tus pensamientos adquieren un peso y un significado adicionales.

Pero ahora me doy cuenta de que la cosa es mucho más sencilla: no tenemos por qué recordarlo todo, pero todo lo que recordamos tiene valor.

No tienes que escribir en verso o esperar a sentir una epifanía deslumbrante. No hay por qué escribir en el diario todos los días, y desde luego tampoco hay que sentir que una tiene algo importante que decir. Puedes escribir sobre algo tan banal como el sonido que hace un raspador sobre el parabrisas en una mañana gélida en Chicago; el olor a detergente con aroma de pino que perdura en la casa después de la limpieza de primavera; el trayecto a casa desde el aeropuerto en el coche de tu madre; o incluso tu lista de tareas para el día siguiente. Una de mis entradas favoritas relataba una noche de lo más anodina en un restaurante del barrio donde un anciano pinchó la música perfecta en una máquina de discos.

Recuerda simplemente que todo importa: los sonidos y los olores, las risas y las penas; porque, al final, todo forma parte de tu historia. Espero que uses este diario para escribir tus experiencias, pensamientos y sentimientos, con todas sus imperfecciones y sin juzgarte. No se trata de edulcorar tus experiencias, de escribir algo distinto de lo que realmente sientes o de intentar convencerte de que el resultado es perfecto. Porque lo hermoso de la vida es que una experiencia que tengas hoy puede parecerte totalmente diferente al cabo de unos pocos meses, años o décadas. Quizá, cuando vuelvas a leer estas páginas, reconozcas partes tuyas que hoy ni siquiera eres capaz de ver, lo cual es particularmente cierto para quienes todavía se encuentran en las primeras etapas de su viaje por la vida, cuando las alegrías y las penas pueden parecer demasiado recientes, demasiado frescas. Escribir es una manera de procesar, de entender, de crecer y, también, de recordar.

Quizá lo más fundamental de tu historia sea ver este conjunto de textos que vas a escribir y aceptarlos como lo que son: tuyos.

Muy afectuosamente,

Michelle Obama

Si no ves que tu
historia importe, es
probable que nadie
más lo vea tampoco.
Por eso, aunque
no siempre es fácil,
es importante
que encuentres
la fuerza para
contar tu verdad.
Porque el mundo
necesita oírla.

¿Cuál es tu historia y
cómo has aprendido
a asumirla?

¿Cuándo dio tu
historia un giro
repentino?

¿Tienes alguna cita favorita? Escribe aquí tres de ellas.

Describe tu momento
de mayor orgullo con
el máximo detalle
posible.

BECOMING

Me educaron para que confiara en mí misma sin conocer límites, para que creyera que podía perseguir mis sueños y conseguir todo cuanto quisiera. Y lo quería todo…

¿Qué es lo que quieres? Enumera diez cosas que quieres para ti. Para cada una, escribe un paso sencillo para ir haciéndola realidad.

1. _____

_____

2. _____

_____

3. _____

_____

4. _____

_____

5. _____

_____

6. _____

_____

7. _____

_____

8. _____

_____

9. _____

_____

10. _____

_____

Describe el hogar
de tu infancia. ¿Qué
detalles destacarías?
¿Qué lo hacía distinto
de los hogares de
tus amigos?

Describe tu hogar
actual. ¿En qué se
diferencia de los de
tus amigos? ¿Qué
es lo que más te
gusta de él?

FECHA   /   /

No tenía nada, o lo tenía todo. Todo depende de cómo se narre el relato.

El lugar del que procedemos tiene una gran influencia sobre la persona que somos. Describe el barrio en el que creciste. ¿Qué lo hacía especial? ¿Era un sitio difícil? ¿Cómo influyó en quien eres hoy?

Enumera cinco platos favoritos de tu familia.

1

2

3

4

5

Describe una cena memorable. ¿Qué comiste? ¿Fue en casa o en algún
otro sitio?

BECOMING

¿Qué hacías en tu
infancia cuando no
tenías que ir al colegio
durante el verano?

¿Qué actividades
solías practicar, pero
ya no tienes tiempo
de hacer? ¿Cómo
podrías retomarlas?

Si pudieses tener
una conversación
con un ser querido
ya fallecido, ¿qué le
preguntarías?

¿De dónde proceden
tus antepasados y a
qué dificultades se
enfrentaron?

Si algo he aprendido en la vida, es el poder que se siente al usar tu propia voz.

Escribe sobre una vez en que dijiste tu verdad a los demás. ¿Cómo te sentiste? ¿Qué aprendiste?

¿Qué clase de persona
quieres llegar a ser?

¿Cómo quieres
contribuir al mundo?
¿Qué pasito puedes
dar este año hacia esa
contribución?

Atrévete este mes
a contarle un poco
más de tu historia a
alguien. Pregúntale
por la suya. ¿Qué
aprendiste sobre ti? ¿Y
sobre la otra persona?

Hay cosas que nos hacen poderosos: darnos a conocer, hacernos oír, ser dueños de nuestro relato personal y único, expresarnos con nuestra auténtica voz. Y hay algo que nos confiere dignidad: estar dispuestos a conocer y escuchar a los demás. Para mí, así es como forjamos nuestra historia.

¿Cuáles son las principales lecciones que aprendiste en tu infancia?

BECOMING

Mi familia era mi mundo, el centro de todo.

¿Qué significa para ti tu familia?

BECOMING

Con el máximo detalle
posible, cuenta alguno
de tus recuerdos
favoritos relacionado
con tus seres queridos.

Describe tu día
perfecto, desde
el desayuno hasta
la cena.

Escríbele una carta
a tu yo adolescente,
dándole consejos y
explicándole lo que
deparará el futuro.

Escríbele una carta a
tu yo futuro donde
le explicas lo que
esperas de los
próximos años.

¿Qué es lo más espontáneo que hayas hecho nunca?

¿Cuáles son las diez cosas más importantes que te han pasado este mes?

1. _____

2. _____

3. _____

4. _____

5. _____

6. _____

7. _____

8. _____

9. _____

10. _____

Era mujer, negra y fuerte,
cosa que para algunas
personas de cierta
mentalidad equivalía
a «enfadada». Es otro
tópico dañino que se ha
utilizado siempre para
arrinconar a las mujeres
pertenecientes a minorías,
una señal inconsciente
para que no se preste
atención a lo que decimos.

¿Te has sentido alguna
vez víctima de un
esterotipo? ¿Cómo
reaccionaste?

BECOMING

Mira por la ventana
de tu casa. Escribe
lo que ves.

¿Cuál fue el titular
principal el día que
naciste? ¿Fue algo que
aún es relevante a día
de hoy?

¿Cuál ha sido el
último libro que
has leído que te ha
gustado mucho? ¿Qué
aprendiste de él?

Uno de los primeros libros que me encantó y leí de principio a fin se titulaba *La canción de Salomón*, y era de Toni Morrison. Ese libro contribuyó a que me empezase a gustar leer, porque hasta entonces era algo que hacía cuando me lo mandaban. Pero ese libro me enganchó, me arrastró, no podía dejar de leerlo... Hay muchísimos otros libros que he leído así a lo largo de los años, pero *La canción de Salomón* fue el primero.

Enumera diez cosas divertidas que te gusta hacer.

1.

2.

3.

4.

5.

6.

7.

8.

9.

10.

¿Cuál es tu posesión más preciada y cómo acabó en tu poder?

BECOMING

El fracaso es una sensación mucho antes de convertirse en un hecho consumado. Es vulnerabilidad que se alimenta de las dudas y luego se ve intensificada, a menudo de manera deliberada, por el miedo.

¿Qué puedes hacer —como individuo, padre o madre o miembro de la comunidad— para ayudar a romper el círculo del miedo y fracaso?

FECHA   /   /

BECOMING

Elige una foto que
te encante y escribe
una historia sobre
lo que ves.

¿Quién es la persona
más feliz que conoces?
¿Qué crees que la
hace feliz?

BECOMING

Si buscamos nuevas
perspectivas y
salimos de nuestra
zona de confort,
podemos descubrir
más sobre nosotros
mismos.

Si pudieses viajar a cualquier lugar,
¿adónde irías y qué harías allí?

FECHA   /   /

BECOMING

Recuerda tu infancia,
cuando visitabas a
tus abuelos y otras
personas mayores.
Escribe sobre un
recuerdo concreto
de esas visitas con
el máximo detalle
posible, incluido lo
que veías, oías y olías.

¿Qué huella han
dejado en ti esas
personas mayores?

Enumera tus diez verduras favoritas y cómo te gusta prepararlas.

1.

2.

3.

4.

5.

6.

7.

8.

9.

10.

Ya sabía que cuando
las fresas estaban
más suculentas era
en junio, que las
lechugas con las
hojas más oscuras
eran las que tenían
más nutrientes y que
no era tan difícil
hacer chips de kale
en el horno.

¿Cómo te nutre la
naturaleza?

BECOMING

¿Cómo celebras
las fiestas? ¿Qué
tradiciones se siguen
en tu familia?

Describe una fiesta memorable, reciente o en el pasado. ¿Dónde estabas? ¿Con quién? ¿Qué comida se sirvió?

BECOMING

Nadie sabe en
realidad el apego que
le tiene a su ciudad
hasta que se muda
a otra parte, hasta
que experimenta
lo que es sentirse
desplazado, como un
tapón de corcho que
flota en un océano
extraño.

¿Cuándo fue la última vez que sentiste que
estabas en un terreno nuevo o incómodo?
¿Cómo te afectó este cambio repentino?
¿Qué valor aportó a tu vida?

Los jóvenes ponen más de su parte si sienten que los demás se interesan por ellos.

Enumera cinco personas que se interesaron
por ti en tu infancia.

Elige una persona de
la lista de la página
anterior y describe
cómo su apoyo se
refleja en tus logros
actuales.

¿Cómo ibas al colegio
cada día cuando eras
estudiante?

¿Quién fue el profesor
más influyente cuando
eras pequeña? ¿Por
qué te dejó esa huella?

¿Cuál es el mayor
sacrificio que has
hecho?

Un hábito que me ha
sostenido toda la vida:
conservar un grupo
unido y alegre de amigas,
un puerto seguro de
sabiduría femenina.

1

Enumera tres personas que
contribuyen a tu círculo de
fuerza. Junto al nombre de
cada una, describe por qué
te transmite tanta confianza.

2

3

Crea una lista de diez canciones que podrías escuchar una y otra vez.

1.

2.

3.

4.

5.

6.

7.

8.

9.

10.

La música
siempre ha sido
un elemento
esencial a la
hora de forjar
mi historia.

A BECOMING PLAYLIST

1.

2. "Ain't No Mountain High Enough," Marvin Gaye and Tammi Terrell

3. "The Way You Do the Things You Do," The Temptations

4. "Dancing in the Street," Martha Reeves & the Vandellas

5. "Please, Mr. Postman," The Marvelettes

6. "This Old Heart of Mine (Is Weak for You)," The Isley Brothers

7. "Ain't Nothing Like the Real Thing," Marvin Gaye and Tammi Terrell

8. "Baby Love," The Supremes

9. "It's the Same Old Song," Four Tops

10. "Just My Imagination (Running Away with Me)," The Temptations

11. "Signed, Sealed, Delivered (I'm Yours)," Stevie Wonder

12. "I Heard It Through the Grapevine," Gladys Knight & the Pips

13. "My Guy," Mary Wells

14. "It Takes Two," Marvin Gaye and Kim Weston

15. "I Can't Help Myself (Sugar Pie, Honey Bunch)," Four Tops

16. "Who's Loving You," The Jackson 5

17. "Beauty Is Only Skin Deep," The Temptations

18. "The Tracks of My Tears," Smokey Robinson & the Miracles

19. "For Once in My Life," Stevie Wonder

20. "Baby, I'm for Real," The Originals

He aprendido que es
más fácil odiar en las
distancias cortas.

Describe una conversación reciente que
tuviste con alguien que tenía una historia o
perspectiva distinta. ¿Cómo gestionaste la
conversación?

¿Qué tipo de infancia
tuvieron tus padres
o tus abuelos?
¿En qué se parece
y se diferencia de
la tuya?

BECOMING

Tu historia es la parte más
poderosa de quién eres:
las luchas, los fracasos,
los éxitos y todo lo que
hay en medio. Recuerda
siempre estar abierta
a nuevas experiencias
y nunca dejes que los
escépticos se interpongan
en tu camino.

Enumera una lucha, un fracaso y un éxito que hayas tenido en tu vida. ¿Qué aprendiste de cada uno de ellos?

A STRUGGLE:

A FAILURE:

A SUCCESS:

¿Has estado en el
ejército o conoces
a alguien que lo
haya hecho? ¿Qué
significa para ti
servir a tu país?

¿Cómo te describirías
a alguien que no te
conoce?

Forjar tu historia requiere paciencia y rigor a partes iguales.

Describe una ocasión en que la paciencia y el rigor contribuyeron a tu autoestima y crecimiento personal.

Escribe sobre una experiencia concreta en la que alguien te disuadió de un sueño e intentó rebajar tus expectativas. ¿Cómo te sentiste? ¿Cómo trataste de superar ese obstáculo?

Enumera cinco formas en que esa persona se equivocó.

1

2

3

4

5

¿Cuándo fue tu último
llanto? ¿Cómo te
sentiste después?

¿Cómo te cuidas
cuando has tenido
un mal día?

Un traspaso de poder es una transición, el paso a un estado nuevo.

¿Qué transición estás experimentando ahora mismo? ¿Te sientes preparada para ella?

¿Cuál fue el mejor
programa de TV que
viste en tu infancia?
¿Qué estás viendo
ahora?

¿Cuál es tu personaje
de TV favorito y qué
es lo que te atrae
de él?

Piensa en alguna tarea en la que te hayas
embarcado recientemente, algo que haya
sido novedoso, emocionante y tal vez
un poco pavoroso. Haz una lista de
tres atributos tuyos que te permitieron
abordar la tarea con garantías.

2

3

FECHA   /   /

Si pudieses viajar en
el tiempo y darte
algún consejo antes
de empezar esa tarea,
¿qué te dirías?

¿Cómo han cambiado
tus creencias a lo
largo de los años?
¿En qué sentido no
han cambiado?

Piensa en la lucha
más importante que
has tenido que librar.
¿Cuál fue y cómo te
hizo crecer?

BECOMING

En el mundo, nos explicaban, todas las personas llevan a cuestas una historia invisible y solo por eso merecen cierta tolerancia.

¿Qué importantes acontecimientos históricos afectaron a tu familia, ya sea en el pasado remoto o más recientemente?

FECHA / /

BECOMING

¿Qué papel tiene en
tu vida la religión o
la espiritualidad?

Escribe sobre alguna
vez en que sentiste
despreocupación.

BECOMING

¿Soy lo
bastante
buena?

Sí,
lo soy.

Enumera diez razones por las que eres una persona especial y valiosa.
Vuelve a esta lista cuando tengas dudas. ¡Siempre eres lo bastante buena!

1.

2.

3.

4.

5.

6.

7.

8.

9.

10.

Escribe una carta
de agradecimiento
a un ser querido.

¿Cómo te relacionas
con tu comunidad?

Describe tu comunidad y cómo ha evolucionado en la última década.

Enumera cinco cambios que querrías que un líder cívico abordase y que harían de tu comunidad un lugar mucho mejor.

1

2

3

4

5

Enumera tus mayores virtudes. No olvides aceptarlas y mostrarlas con orgullo.

1.

2.

3.

4.

5.

6.

7.

8.

9.

10.

¿Cómo defines al líder mundial? ¿Te has planteado alguna vez asumir un papel de liderazgo? ¿Por qué?

La inseguridad
no hace que los
sentimientos sean
menos difíciles en el
momento, pero, a la
larga, puede ser útil,
siempre y cuando
no nos dejemos
llevar por la idea que
tenemos de nosotros
mismos.

¿Qué temores has tenido sobre ti misma que han
resultado ser falsos? ¿Qué métodos utilizas para
hacer frente a la inseguridad?

Muchos nos
pasamos la
existencia ocultando
nuestro origen,
avergonzados o
temerosos cuando
no encajamos del
todo en un ideal
preestablecido.
Hasta que alguien se
atreva a empezar a
contar ese relato de
otra manera.

Describe a alguien
que conozcas que
haya tenido la valentía
de contar su historia.
¿Cómo cambió tu
percepción de esa
persona? ¿Y la tuya
propia?

¿Cómo marcas el paso
de las estaciones?
¿Cuál es tu mes
favorito?

¿Aceptas los cambios
en tu vida? ¿Por qué?

Para mí, aprender es algo mágico.

¿Qué habilidades o lecciones has intentado aprender en la edad adulta? ¿De qué manera el aprendizaje propicia cambios en tu vida actual?

¿Qué pionero de
toda la historia te
ha marcado más? Si
pudieras conocer a
esta persona, ¿qué le
preguntarías?

¿Qué legado te
gustaría dejar?

Estábamos
plantando las
semillas del cambio,
cuyos frutos quizá
nunca llegásemos a
ver. Debíamos tener
paciencia.

Enumera cinco pequeñas victorias que has logrado esta semana.

1

2

3

4

5

Los cambios se producen desde cero. ¿Qué pequeña cosa puedes hacer
esta semana para lograr un nuevo cambio en tu vida o en la de otra
persona?

Si no sales tú a definirte, no tardarán en definirte otros de forma injusta.

¿Cómo han intentado los demás definirte en el pasado? ¿Cómo difiere la idea que tienen de ti de la persona que sabes que eres?

Escribe sobre alguien
que no pertenezca a
tu familia pero que
tú sientes como un
familiar. ¿Qué es lo
que más te gusta de
esa persona?

BECOMING

Iba dándome cuenta de que las partes importantes de mi historia no estaban tanto en el valor superficial de mis éxitos como en lo que subyacía a estos: las muchas formas discretas en que había ido afianzándome a lo largo de los años, y las personas que habían contribuido a reforzar mi confianza con el paso del tiempo.

¿Quiénes son tus mentores y cómo cultivas esas relaciones?

¿Con qué frecuencia quedas con tus amigos y qué les gusta hacer?
¿Es suficiente?

Enumera tus diez películas favoritas.

1.

2.

3.

4.

5.

6.

7.

8.

9.

10.

¿Cómo devuelves a tu
comunidad lo que esta
te aporta?

¿Cómo has logrado
provocar cambios
en las vidas de otras
personas?

Si te pidiesen que dieses un discurso de graduación, ¿qué les dirías a los estudiantes?

¿Qué ha ocurrido en tu vida hoy? Enumera cinco cosas que han salido bien.

2

3

4

5

FECHA   /   /

¿Qué significa para
ti cuidarte? ¿Cómo
puedes encontrar
más tiempo para
hacerlo?

¿A quién cuidas en
tu familia? ¿De qué
manera sirve esa
relación para definirte?

Para mí, coexistir
con la intensa
determinación de
Barack era algo a
lo que necesitaba
acostumbrarme, no
porque él hiciera
alarde de ella, sino
porque era algo muy
vivo.

¿Qué cosas refuerzan tu determinación? ¿Con qué
personas en tu vida compartes esa sensación?

¿Has experimentado
alguna pérdida? ¿Cómo
afectó tu vida?

Escribe sobre el
último momento
en que recuerdas
haberte sentido
verdaderamente en
paz. ¿Dónde estabas?
¿Qué hacías? ¿Cómo
puedes recuperar
esa sensación?

BECOMING

¿Cuándo fue la última vez que pensaste que podías ir por mal camino, aunque la gente pensase que estabas haciendo lo correcto? ¿Qué decidiste hacer?

Enumera las diez cuestiones sociales más importantes que crees que hay que abordar.

1. _____

2. _____

3. _____

4. _____

5. _____

6. _____

7. _____

8. _____

9. _____

10. _____

Cuando ellos caen bajo, nosotros apuntamos alto.

¿Cómo llevas esta frase a la práctica?

¿Quién fue tu
primer amor?

¿Cómo gestiona tu
familia las presiones
del mundo exterior?

¿Has tenido alguna
vez ambiciones que
te hayan enfrentado
a las personas que
más quieres y en
quienes más confías?
¿Cómo gestionaste el
conflicto?

Si tuvieses más tiempo
para hacer lo que más
te gusta, ¿en qué lo
emplearías?

BECOMING

Aspiraba a una vida laboral y a una vida familiar, pero con la garantía de que una no se impondría sobre la otra. Acariciaba la esperanza de ser igual que mi madre y a la vez distinta por completo. Eran reflexiones extrañas y desconcertantes. ¿Podía conseguirlo todo? ¿Llegaría a tenerlo todo algún día? Lo ignoraba por completo.

¿Cómo compaginas
tu vida familiar
con la laboral?

Enumera diez salidas que has hecho con tu familia.

1.

2.

3.

4.

5.

6.

7.

8.

9.

10.

Elige una de las salidas de tu lista y escribe un poco más. ¿Qué hiciste?
¿Adónde fuiste? ¿Con quién?

¿Hacia quién o hacia
qué sientes gratitud?

¿Cómo expresas
tu gratitud?

¿Cuándo has tenido
que dar un giro a tu
vida? ¿Cómo te ayudó
hacerlo?

¿Cómo te mantienes
centrada?

¿Cuál es tu forma favorita de relajarte tras un día especialmente exigente?

¿Qué te inspira? Enumera las primeras diez cosas que se te ocurran.

1.

2.

3.

4.

5.

6.

7.

8.

9.

10.

Las personas más
exitosas que conozco
han aprendido a
vivir con las críticas,
a apoyarse en la
gente que cree en
ellas y a seguir
adelante con sus
objetivos.

Reflexiona sobre alguien que conozcas que ha
superado obstáculos para lograr sus objetivos.
¿Cómo crees que lo hizo? ¿Qué has aprendido
de su trayectoria?

BECOMING

Describe un momento
en el que tuviste
que alzar la voz.
¿Qué te dio el valor
para hacerlo? ¿Qué
se interponía en tu
camino?

¿Has sentido alguna
vez la necesidad de
hablar en defensa de
otra persona? Describe
la situación y el
resultado.

¿Quién es tu modelo
a seguir? ¿Cómo te ha
influido esa persona?

¿Quién te admira?
¿Cómo alimentas la
admiración que esa
persona siente?

¿Cuál es la mejor parte de tus hábitos matinales?

Enumera cinco cosas que haces para relajarte al final del día.

1

2

3

4

5

Escribe aquí tu receta
familiar favorita. ¿Qué
la hace especial?

¿Cuál es el origen de
tu nombre? ¿Cómo ha
influido en la persona
que eres?

¿Cómo llevas tu
propia historia, cultura
y experiencias a
espacios donde nunca
han existido?

Si pudieses reescribir
los libros de historia,
¿qué cosas añadirías
que ahora no
aparecen?

Describe el mundo
de tus sueños.
¿Qué cambios,
locales, nacionales
o globales, te
gustaría ver en él?

Las personas de todos
los orígenes, colores
de piel e ideologías
políticas saben lo que
es sentirse inseguras
o abrumadas. Todos
nos hemos sentido
un poco frustrados
por lo lento del
crecimiento necesario
para llegar a donde
queremos.

Describe un lugar
concreto que tenga
un significado
importante para
tu familia.

Si tuvieses que elegir,
¿quién sería la persona
más preciada en
tu vida? ¿Cómo la
conociste y qué crees
que les deparará el
futuro?

BECOMING

¿Qué cinco libros te encantaron de pequeña?

1

2

3

4

5

Describe a alguien en tu vida que sea verdaderamente sabio.

BECOMING

Utiliza este espacio
para escribir una carta
a alguien a quien
no veas desde hace
mucho tiempo. Ponle
al día de lo que ha
pasado en tu vida
desde que se vieron.

Utiliza este espacio
para recopilar los
dichos favoritos de tu
familia, quién los decía
y qué significaban
para ti.

A lo largo de mi vida
había llevado muy
pocos trajes de noche,
pero la creación de
Jason Wu obró un
milagro pequeño
pero poderoso al
hacerme sentir ligera,
bella y plena una vez
más, justo cuando
empezaba a pensar
que ya no quedaba
nada mío que mostrar.

Enumera diez prendas de ropa que te encantaban, y cuándo y dónde las usaste.

1.

2.

3.

4.

5.

6.

7.

8.

9.

10.

La educación ha sido el principal instrumento de cambio en mi vida, mi trampolín para abrirme paso hacia mi futuro.

¿Qué papel ha tenido la educación —formal o informal— en tu vida?

Con el máximo detalle posible, describe uno de tus recuerdos de infancia favoritos.

Enumera diez cosas de las que te has percatado hoy volviendo a casa y que quizá nadie más haya notado.

1.

2.

3.

4.

5.

6.

7.

8.

9.

10.

Pasa una tarde o una
noche sin mirar las
redes sociales o sin ver
las noticias. ¿Qué se
siente al desconectar
aunque solo sea
durante un rato?

Cuando se reúne tu
familia extendida,
¿qué haces?

Yo había tenido la fortuna de tener padres, profesores y tutores que me habían repetido un mismo mensaje sencillo:

«Tú importas».

¿Quién te hace sentir que importas? ¿Cómo te lo hacen saber?

BECOMING

¿Qué haces para mantenerte en forma?

Enumera tres aficiones que te gustaría practicar. ¿Qué es lo que te atrae de
cada una de ellas?

Para mi padre, cualquier excusa para conducir era buena. Adoraba su coche, un Buick Electra 225 de color bronce y dos puertas al que llamaba con orgullo *Deuce and a Quarter*.

Describe el coche de tu familia u otro medio de transporte que usases en tu infancia. Recuerda sus sonidos y olores.

¿Cuál es el viaje por
carretera más largo
que has hecho?

¿Qué haría de tu
barrio un lugar mejor?

Los niños saben desde muy tierna edad cuándo los están subestimando.

¿Cómo haces que los niños que hay en tu vida se sientan valorados?

¿Qué te quita el
sueño?

¿En qué se ha
diferenciado este año
del anterior?

¿Qué cinco cosas quieres haber conseguido cuando acabe el mes?

1

2

3

4

5

Cierra este diario, cierra los ojos y respira profundamente diez veces.
Escribe lo que sientes.

BECOMING

Recuerda alguna
ocasión en que te
desprendiste de algo
que te gustaba mucho.
¿Qué fue? ¿Por qué lo
hiciste?

¿Cuándo fue la última vez que viste la puesta de sol? ¿Qué estabas haciendo en ese momento?

Forjar tu historia
significa no
renunciar a la idea
de que hay que
seguir creciendo
como persona.

¿Qué significa para ti la idea de «forjar tu
historia»?

Título original: *BECOMING: A Guided Journal*

Primera edición: noviembre de 2019

© 2019, Michelle Obama
Publicado por acuerdo con Clarkson Potter/Publishers, sello editorial de
Random House, una división de Penguin Random House LLC, Nueva York.
clarksonpotter.com

© 2019, Penguin Random House Grupo Editorial, S. A. U.
Travessera de Gràcia, 47-49. 08021 Barcelona
© 2019, Penguin Random House Grupo Editorial USA, LLC.
8950 SW 74th Court, Suite 2010
Miami, FL 33156
© 2019, Marcos Pérez Sánchez, por la traducción.

Fragmentos de este libro aparecieron originalmente en *Becoming. Mi historia*
de Michelle Obama, publicado en español por Plaza & Janés,
sello editorial de Penguin Random House Grupo Editorial.
© 2018, Carlos Abreu Fetter, Efrén del Valle Peñamil, Gabriel Dols Gallardo
y Marcos Pérez Sánchez, por la traducción.

Diseño: Danielle Deschenes
Fotografía de sobrecubierta: Miller Mobley

ISBN: 978-1-64473-166-6

Impreso en Estados Unidos — *Printed in USA*

Penguin
Random House
Grupo Editorial

BECOMING *valiente*

BECOMING *apasionada*

BECOMING *bondadosa*

BECOMING *feliz*

BECOMING *curiosa*

BECOMING *agradecida*

BECOMING *audaz*

segura

BECOMING *fuerte*

BECOMING *sincera*

BECOMING *inspirada*

BECOMING *satisfecha*

BECOMING *tranca*

segura

BECOMING *atenta*